Harriet Grunewald

Wer kommt mit zur Feuerwehr?

Bilder von
Don-Oliver Matthies

Kati hat Geburtstag. Ulli und Tina feiern mit ihr. Kati bläst die Kerzen auf ihrer schönen Torte aus. Der Rauch schwebt langsam durch die Luft. Von der Torte zu der Schale mit den Gummibären. Schließlich sehen sie den Rauch nicht mehr. Aber riechen können sie ihn noch!

„Wie das stinkt!", sagt Ulli und hält sich die Nase zu.

Plötzlich klopft es an der Tür. Wer kommt denn jetzt noch?

Ein Mann in Uniform! Er trägt dicke Stiefel, einen breiten Gürtel, einen Helm und Handschuhe. Ein echter Feuerwehrmann.

„Hier riecht's nach Rauch", sagt er. „Brennt es hier etwa?"

Kati fängt an zu lachen.

„Mensch Harry!", ruft sie. „Wie schön, dass du gekommen bist!"
Harry wohnt bei Kathi nebenan. Er ist tatsächlich ein echter
Feuerwehrmann. Und weil Kati Geburtstag hat, will er sie und ihre
beiden Freunde mit zur Feuerwehr nehmen. So einfach ist das.
Und so schön.

Ulli rennt als Erster raus. Vielleicht ist Harry ja mit einem richtigen Feuerwehrauto gekommen? Aber draußen steht nur der alte grüne Kombi.
„Zack, zack", sagt Harry. „Alle in mein Auto. Wir haben's brandeilig!"
„Du bleibst hier, Minka", ruft Kati, „kleine Katzen haben bei der Feuerwehr nichts zu suchen."

So sieht Harrys Einsatzkleidung und Ausrüstung aus:

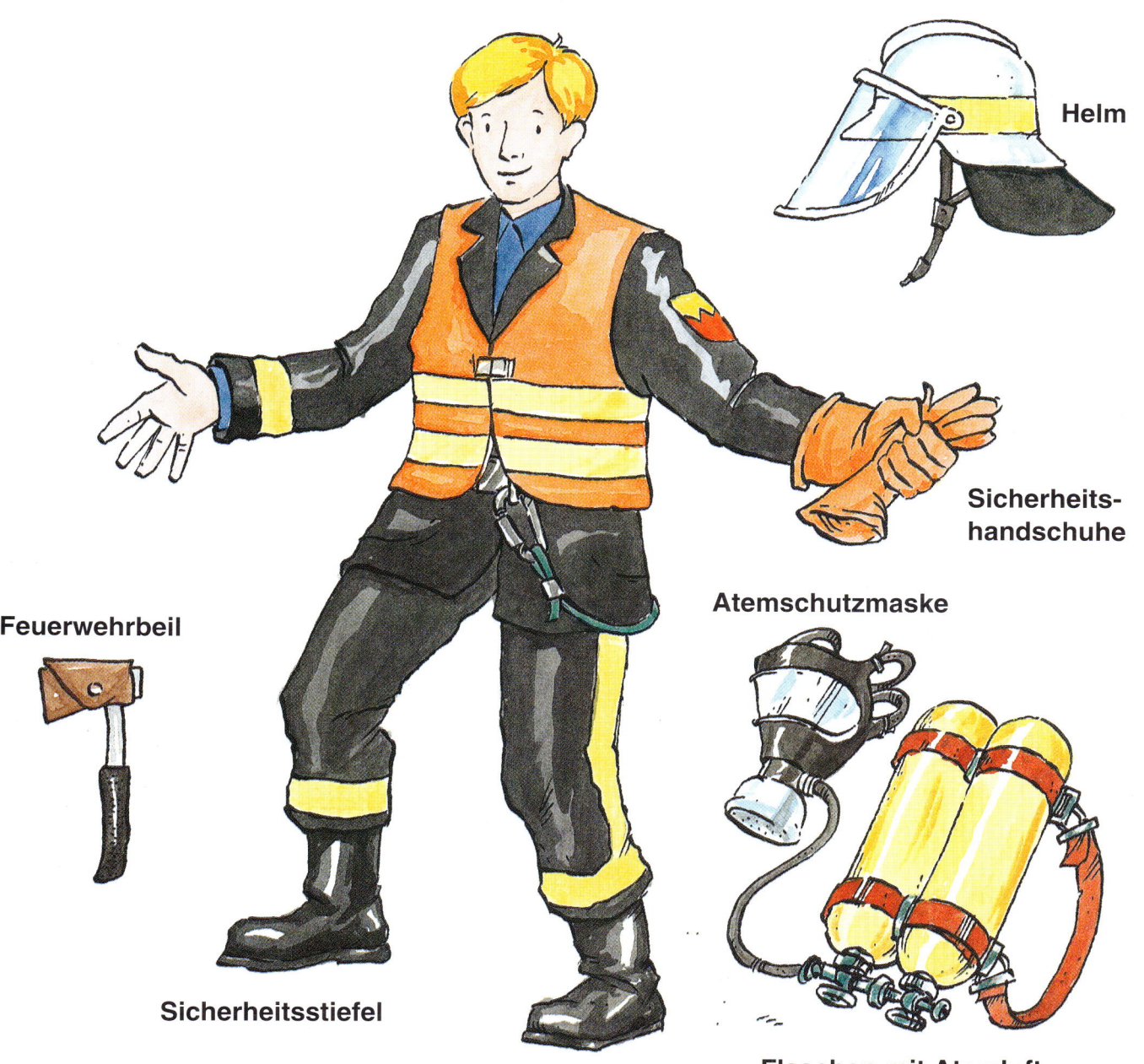

Sie fahren auf einen großen Hof. Dort steht ein Haus mit vielen Garagentoren. Es ist die Feuerwache. Hinter jedem Tor steht ein anderes Feuerwehrauto. Es gibt viele verschiedene mit seltsamen Namen.

Zum Beispiel das Drehleiterfahrzeug. Die lange Leiter hilft beim Löschen von hohen Häusern. Oder wenn jemand aus einem oberen Stockwerk gerettet werden muss.
„Jeder Feuerwehrmann muss gut klettern können!", erklärt Harry, „und schwindelfrei muss er sein."
Es gibt auch ein Tanklöschfahrzeug. Im Tank ist Wasser. Wenn das Wasser nicht reicht, wird es aus dem Hydranten genommen. Das ist ein Wasseranschluss an der Straße oder am Bürgersteig. Hydranten gibt es überall in der Stadt.

Einsatzleitwagen

Drehleiter

Hubschrauber

Rettungswagen

Flughafen-Löschfahrzeug

„Verschiedene Feuerwehrautos bilden zusammen den Löschzug", sagt Harry. „Es gibt zum Beispiel noch den Einsatzleitwagen, den Rettungswagen und den Schlauchwagen. Und alle stehen hier. Abfahrtbereit."

„Und die Feuerwehrmänner, die die Autos fahren?", will Ulli wissen. „Sind die auch abfahrtbereit?"

Schlauchwagen

Feuerwehrkran

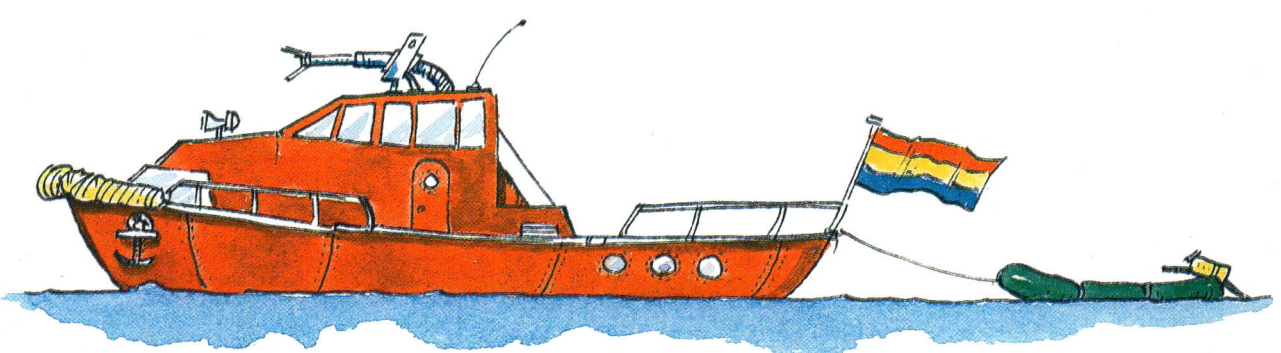

Löschboot

„Na, da wollen wir mal nachschauen!", sagt Harry. Sie marschieren eine Treppe hoch.

Oben sitzen die Männer, trinken Kaffee und spielen Karten.

Harry sagt, dass die Männer nachts sogar in der Feuerwache schlafen. Schließlich muss es schnell gehen, wenn es irgendwo brennt.

„Dann sehen die ja nie ihre Kinder", sagt Ulli. „Wenn sie noch nicht mal nachts zu Hause sind." Aber Harry meint, ein Feuerwehrmann hat hin und wieder auch mal frei.

Im Schlafraum sind alle Betten ordentlich gemacht. Niemand schläft. Die Kinder dürfen sich mal probeweise auf Harrys Bett legen. Die Schuhe lassen sie an. Es ist ganz still. Kati stellt sich vor, wie es wäre, wenn es jetzt irgendwo brennt und alle losrasen. Die Rutschstange runter und ab in die Feuerwehrautos.

So eine Stange hätte Kati auch gern, von ihrem Zimmer direkt in die Küche. Leider dürfen sie nicht rutschen. Harry meint, selbst ein Feuerwehrmann muss das erst lange üben.

„Und woher wissen die Feuerwehrleute, wo es brennt und wann es brennt?", will Ulli wissen.
Harry erklärt, dass jeder, der Hilfe braucht, die Nummer 112 wählt. Der Anruf kommt direkt in der Feuerwache an, und zwar in der Einsatzleitstelle.

Im Ernstfall geben die Männer Alarm und steuern die Fahrten der Einsatzfahrzeuge, der Kranken- und Rettungswagen.
„Wenn ich groß bin, werde ich Feuerwehrfrau", sagt Tina.
„Das bringt bestimmt Spaß."
„Tja", sagt Harry, „oft ist der Beruf auch ziemlich gefährlich."

Wenn ein Flugzeug in Brand gerät, zählt jede Sekunde. Das Kerosin im Tank ist leicht entzündbar. Das bedeutet Explosionsgefahr! Die Menschen müssen schnell aus dem Flugzeug. Zum Glück gibt es auf jedem Flughafen eine Feuerwehr, die bei Katastrophen sofort zur Stelle ist.

„Die Feuerwehr kommt nicht nur, wenn's brennt", sagt Harry. „Bei schlimmen Verkehrsunfällen helfen wir den Menschen aus den zerquetschten Autos.

Wenn's zu stark und zu lange regnet, laufen manche Keller voll Wasser. Dann pumpen wir das Wasser wieder raus.

Leider kommt manchmal jede Hilfe zu spät.
Einmal brannte ein ganzer Wald. Wir haben versucht den Brand mit einem Hubschrauber zu bekämpfen. Wir haben es nicht geschafft. Es war traurig, mit anzusehen, wie die Bäume verbrannten und wie die Tiere flüchten mussten. Klar ist es toll, Menschen und Tieren zu helfen", sagt Harry, „aber einfach ist es nicht."

Plötzlich klingelt das Telefon in der Einsatzleitstelle.
„Aha, soso, ja und wo?", fragt einer der Männer. Er kritzelt schnell etwas auf einen Zettel. Dann sagt er in den Hörer: „Wir kommen sofort!", und gibt den Zettel an Heinrich weiter.
„Schnell Kinder, jetzt gibt's einen Einsatz und ihr kommt mit!"
Die Kinder ziehen ihre Helme fest.

Los geht's mit dem Drehleiterwagen! Das Auto braust davon.
Mit Tatütata durch die Stadt. Direkt vor Katis Haus.
Brennt's hier etwa?

Harry springt aus dem Auto. Er rennt zum höchsten Baum vor dem Haus. Gibt es hier einen Notfall? Ja. Die kleine Katze Minka sitzt ganz oben im Baum und miaut. Sie ist zu hoch geklettert und kommt nicht mehr alleine runter.
„Keine Angst, Harry holt dich runter!", rufen die Kinder. Harry fährt die Leiter aus. „Ganz klar", sagt er, „das ist auch ein Fall für die Feuerwehr."